OBJETS D'ART

ET

D'AMEUBLEMENT

TAPISSERIES

Tableaux Anciens

APPARTENANT

A MONSIEUR LE COMTE DE F...

CATALOGUE

DES

Tableaux Anciens

ŒUVRES DE :

L. BOILLY, CH. EISEN, J.-B. HUET

J. DE LAJOUE, J. VAN DER LAMEN, J.-J. LEBARBIER, S. LE CLERC, G. VAN LOO

J.-P. LOUTHERBOURG, CH. NATOIRE

D. NONNOTTE, J. PILLEMENT, Mme VALLAYER-COSTER, ETC.

Dessins, Aquarelles, Pastels, Gouaches

PAR :

F. BOUCHER, J.-B. LEPRINCE, P.-A. DE MACHY, J.-B. OUDRY

G. PANINI, HUBERT ROBERT, TH. ROUSSEAU

OBJETS D'ART ET D'AMEUBLEMENT

FAIENCES FRANÇAISES ET ITALIENNES

SCULPTURES — OBJETS DIVERS — HORLOGES

Meubles, Étoffes

TAPISSERIES D'AUBUSSON ET DES FLANDRES

DU XVIII' SIÈCLE

TAPIS

APPARTENANT

A MONSIEUR LE COMTE DE F...

ET DONT LA VENTE AURA LIEU A PARIS

HOTEL DROUOT, SALLES N°s 7 & 8

LE JEUDI 26 MARS 1914

A deux heures

COMMISSAIRE-PRISEUR

Me F. LAIR-DUBREUIL, 6, rue Favart

EXPERTS

Pour les Tableaux :   *Pour les Objets d'art :*

M. JULES FÉRAL   MM. MANNHEIM

7, rue Saint-Georges   7, rue Saint-Georges

EXPOSITION PUBLIQUE

Le Mercredi 25 Mars 1914, de deux heures à six heures

CONDITIONS DE LA VENTE

Elle sera faite au comptant.

L'acquéreur paiera *dix pour cent* en sus du prix d'adjudication.

Paris. — Imp. de l'Art, Ch. Berger, 41, rue de la Victoire.

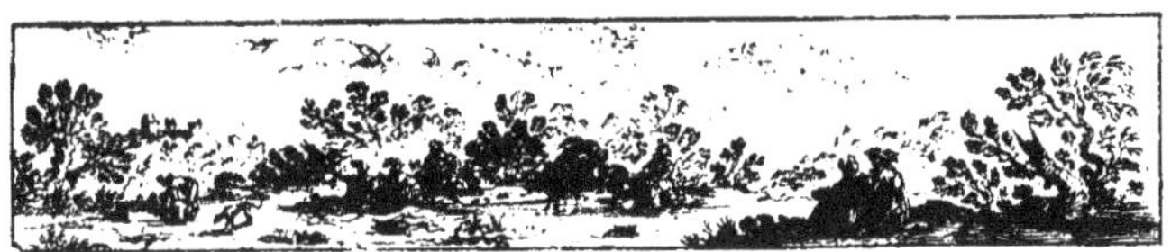

DÉSIGNATION

Dessins, Aquarelles, Pastels
Gouaches

BOUCHER
(FRANÇOIS)
Paris 1703 † Paris 1770

1 — *Ange sur des nuées.*

Un ange, les mains jointes, le visage de trois quarts vers la droite, voltige sur un nuage. Il est entouré de quatre chérubins aux bustes ailés.

Dessin à la sanguine rehaussé de blanc.

Haut., 27 cent ; larg., 23 cent.

ÉCOLE FRANÇAISE
(XVIIIe siècle)

2 — *Portrait d'un Abbé.*

En buste de trois quarts à gauche, les regards dirigés vers le spectateur, il porte la calotte sur sa perruque légèrement poudrée, le rabat sur sa soutane et le petit manteau sur le dos.

Pastel de forme ovale.

Haut., 65 cent.; larg., 54 cent.

ÉCOLE FRANÇAISE

(XVIII· siècle)

190
Féral

3 — *La Bergère surprise.*

Aquarelle gouachée.

Haut., 17 cent.; larg., 23 cent.

LE PRINCE

(JEAN-BAPTISTE)

Metz 1733 † Saint-Denis-du-Port 1781

40

4 — *Un Oriental, en buste.*

Il est tourné de profil vers la droite et coiffé
d'un turban orné d'une plume.

Dessin au crayon noir et à l'estompe.

Haut., 23 cent.; larg., 20 cent.

LIOUX DE SAVIGNAC

(ÉCOLE FRANÇAISE)

(XVIIIᵉ siècle)

DEUX PENDANTS

5 — *Le Moulin en ruines.*

6 — *La Rivière au clair de lune.*

Gouaches de forme ovale.

Haut., 20 cent ; larg., 26 cent.

MACHY

(PIERRE-ANTOINE DE)

Paris 1723 † Paris 1807

7 — *Une Démolition à Paris.*

Des pans de murs entourent un chantier où des ouvriers travaillent. A gauche, devant une tente, des femmes préparent la soupe. Dans le monument, qui la domine, on reconnaît la colonnade du Louvre.

Aquarelle. Signée en bas à gauche.

Haut., 35 cent.; larg., 54 cent.

OUDRY

(JEAN-BAPTISTE)

Paris 1686 † Beauvais 1755

8 --- Le Festin.

Dans un intérieur, des dames et des gentils-
hommes sont assis autour d'une table chargée de
mets. Au centre, une jeune femme souffle un jet
de liquide au visage de sa voisine qui fait un
geste d'effroi. Un valet apporte une poularde sur
un plat, un autre remplit le verre d'un convive.
A gauche, des bouteilles sont à rafraîchir dans un
baquet. A droite, deux chiens se battent.

Signé et daté : *J.-B. Oudry, 1737.*

Dessin au crayon noir rehaussé de blanc sur
papier bleu.

Haut., 34 cent.; larg., 44 cent.

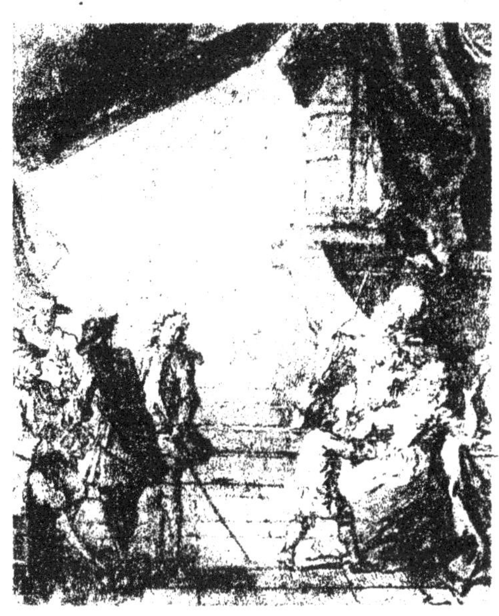

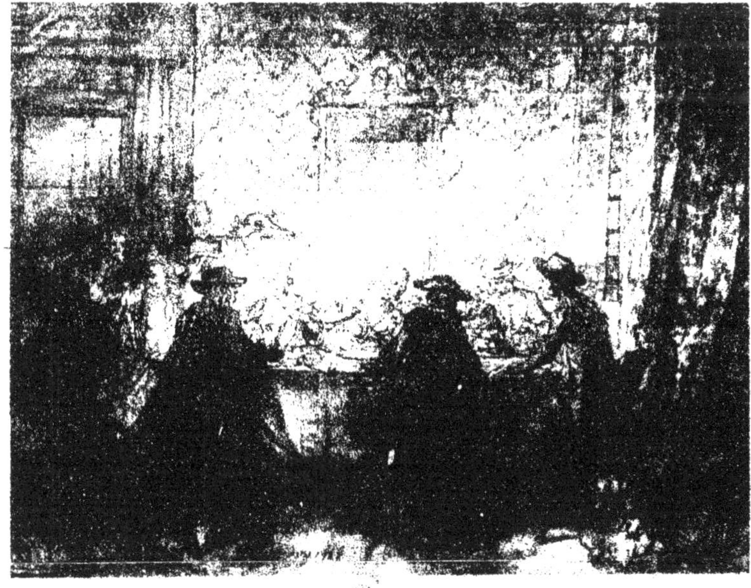

8

OUDRY

(JEAN BAPTISTE)

Paris 1686 ; Beauvais 1755

8 — *Le Festin.*

Dans un intérieur, des dames et des gentils-
hommes sont assis autour d'une table chargée de
mets. Au centre, une jeune femme souffle un jet
de liquide au visage de sa voisine qui fait un
geste d'effroi. Un valet apporte une poularde sur
un plat, un autre remplit le verre d'un convive.
A gauche, des bouteilles sont à rafraîchir dans un
baquet. A droite, deux chiens se battent.

Signé et daté : *J.-B. Oudry, 1737.*

Dessin au crayon noir rehaussé de blanc sur
papier bleu.

Haut., 34 cent.; larg. 44 cent.

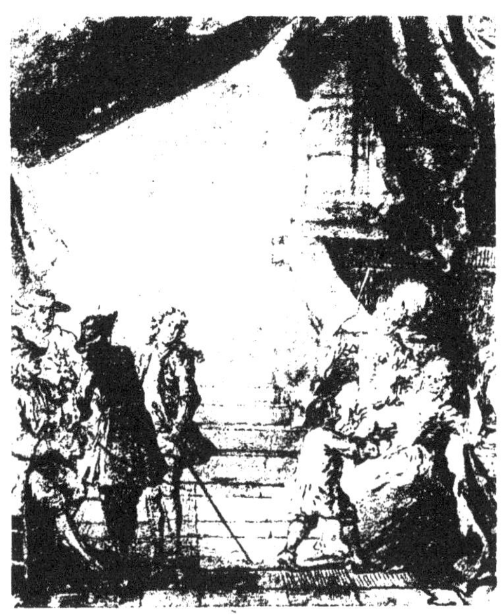

11

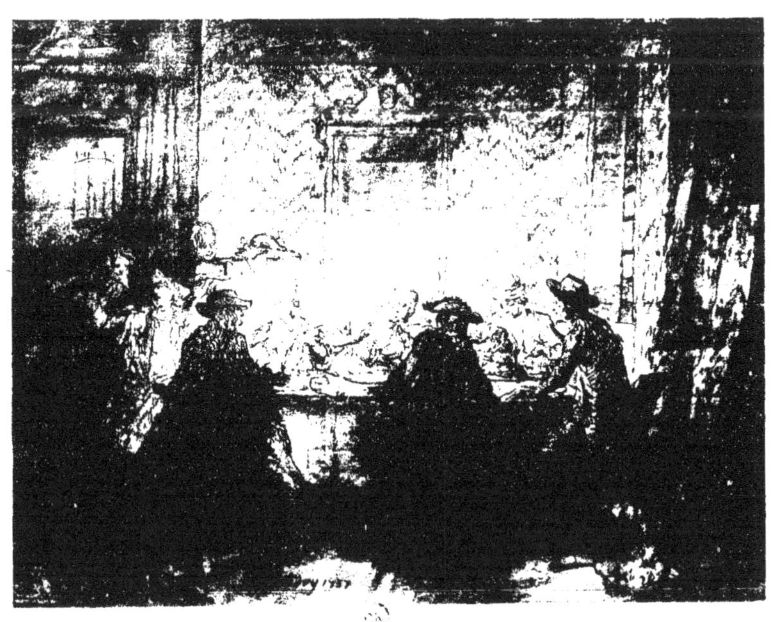

8

OUDRY
(JEAN-BAPTISTE)

**Suite de quatre dessins pour l'illustration du Roman comique
de Scarron.**

**9
à
12** — *Ragotin est renversé dans la boue.*

« Les ravisseurs de Ragotin ne l'eurent pas plutôt lié dans la charette, qu'ils le firent partir à grand hâte ; il était si yvre que les violences qu'on lui fit et les rudes cahos qu'il essuya ne le purent éveiller, que lors qu'en passant un mauvais pas, la charette versa, de façon que Ragotin se trouva dans l'eau et dans la bouë ; sa surprise fut grande, ne sachant comment il y était parvenu, aussi bien que les païsans qui voyant leur méprise, lui délièrent les pieds et le laissèrent aller. » (SCARRON. — *Le Roman comique.*)

Signé et daté : *1737.*

Dessin au crayon noir rehaussé de blanc sur papier bleu.

Gravé avec le titre ci-dessus : *A Paris, chez Desnos, rue Saint-Jacques, au Globe.*

Haut., 32 cent.; larg., 27 cent.

Monture de ARD.

OUDRY

(JEAN-BAPTISTE)

10 — *Le Sommeil de Ragotin interrompu par un bélier.*

« Ragotin et l'opérateur discourant ensemble s'endormirent sur leurs chaises. Un bélier que l'on avait instruit à luter et qui frappoit de ses cornes toutes les fois qu'on lui présentoit la tête ou les mains, voyant aller et venir celle de Ragotin qui dormoit, crût que c'étoit pour l'agacer, il recula autant qu'il lui en falloit et vint heurter de sa tête le visage du pauvre Ragotin, qui se fàcha encore plus contre ceux à qui il avoit aprêté à rire. » (SCARRON. — *Le Roman comique.*)

Dessin au crayon noir rehaussé de blanc sur papier bleu.

Gravé avec le titre ci-dessus.

Haut., 32 cent. ; larg., 27 cent.

Monture de ARD.

OUDRY

(JEAN-BAPTISTE)

I I — *Ragotin s'attire un coup de busc.*

« Ragotin ayant récité une histoire qui eut l'applaudissement de la compagnie, il en devint aussi fier que si c'eût été de son invention, et cela, ajouté à son orgüeil naturel, il commença à traiter les comédiens de haut en bas, s'approchant des comédiennes leurs prit les mains qu'il voulut un peu patiner. Melle de l'Étoile se contenta de retirer ses mains d'entre les siennes crayeuses et velües et Melle Angélique lui donna un si grand coup de busc sur les doigts qu'il se retira tout honteux. » (SCARRON. — *Le Roman comique :* Livre I, chapitre X.)

Dessin au crayon noir rehaussé de blanc sur papier bleu.

Gravé avec le titre ci-dessus.

Haut., 32 cent.; larg., 27 cent.

Monture de ARD.

OUDRY
(JEAN-BAPTISTE)

12 — *La Sérénade donnée par Ragotin.*

« Pendant que le Destin continuait son histoire, on entendit dans la rue tirer un coup d'arquebuse et tout aussitôt jouer des orgues, chacun se mit aux fenêtres, pour entendre deux méchantes voix qui râlaient un chant d'église et une voix qui leur reprochoit tout bas, qu'ils chantoient toujours la même chose. La Rancune, qui ni put tenir, cria, tout haut, on fait donc ici le service divin dans les rues. Le concert avançoit toujours, lorsque dix ou douze chiens avec une chienne de mauvaise vie vinrent s'embarrasser parmi leurs jambes où ils se pillèrent avec tant d'animosité qu'ils mirent en fuite les musiciens et renversèrent les orgues, le concert fut déconcerté. » (SCARRON. — *Le Roman comique.*)

Dessin au crayon noir rehaussé de blanc sur papier bleu.

Gravé avec le titre ci-dessus.

Haut., 32 cent.; larg., 27 cent.

PANINI
(GIOVANNI PAOLO)
Plaisance 1695 † Rome 1764

13 — *Une Porte de Rome.*

Des villageois animent une route qui donne accès à une porte monumentale ouverte dans le mur d'enceinte. On lit, sur la frise, l'inscription *S. P. Q. R.* Au delà, s'étend une place publique ; à droite, un tombeau s'élève sur un talus et des pins encadrent de leur verdure les constructions d'une villa.

Dessin au lavis de bistre et d'encre de Chine rehaussé d'aquarelle.

Haut., 32 cent.; larg., 52 cent.

ROBERT
(HUBERT)
Paris 1733 † Paris 1808

14 — *Le Troupeau dans les ruines.*

Sous les ruines d'un temple à colonnade, des bergers poussent devant eux un troupeau de bœufs. La poussière qu'il soulève monte en nuage doré par le soleil et voile l'horizon. Au premier plan, une jeune femme à cheval est accompagnée par un cavalier couvert d'un manteau rouge. A droite, un paysan travaille dans une grange.

Dessin au lavis de bistre et d'encre de Chine rehaussé d'aquarelle.

Haut., 34 cent.; larg., 45 cent.

ROBERT

(D'après HUBERT)

15 — *Fontaine monumentale.*

Gravure en couleur.

Haut., 35 cent.; larg., 46 cent.

ROUSSEAU

(THÉODORE)

Paris 1812 † Barbizon 1867

16 — *Le Parc.*

Un bouquet de grands arbres ombrage à droite une prairie traversée par un sentier et que les frondaisons d'un bois limitent à l'horizon.

A droite, le cachet de la vente.

Dessin à l'encre de Chine.

Haut., 18 cent.; larg., 26 cent.

Ce dessin a figuré à l'Exposition centennale de l'Art Français en 1889.

SWANEVELT

(HERMAN)

Woerden 1620 † Venise 1659

17 — *Paysage d'Italie.*

Un pont de pierre à trois arches unit les rives d'un cours d'eau dans un paysage accidenté. A droite, s'élève un temple à colonnade de forme circulaire. Divers personnages sont arrêtés au premier plan et dans le fond un château fort domine la vallée.

Signé à droite.

Dessin au lavis d'encre de Chine et au bistre.

Haut., 33 cent.; larg., 48 cent.

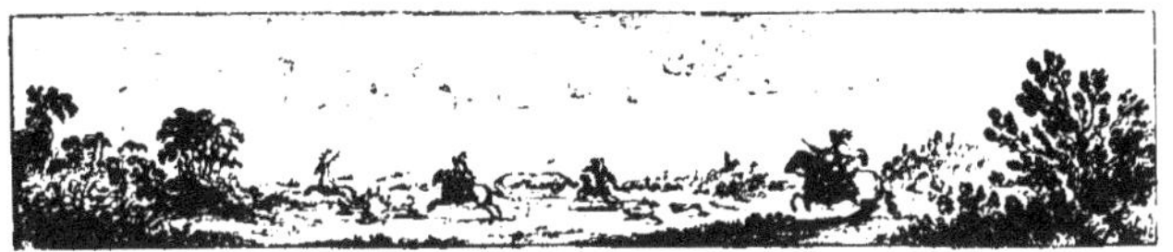

Tableaux Anciens

BOILLY
(LOUIS-LÉOPOLD)
La Bassée 1761 ✝ Paris 1845

18 — *Portrait de Femme.*

Les cheveux bruns bouclés sur le front, une écharpe jaune drapée sur l'épaule, en robe de mousseline blanche décolletée, elle est vue jusqu'à la ceinture, le corps tourné de trois quarts à droite, les yeux fixés sur le spectateur.

Toile. Haut., 21 cent.; larg., 16 cent.

BOILLY
(LOUIS LÉOPOLD)

19 — *Portrait d'une Femme âgée.*

Coiffée d'un bonnet de dentelles à rubans, les épaules couvertes d'un fichu de mousseline, elle est représentée en buste, de trois quarts à droite, le visage souriant.

Toile. Haut., 21 cent.; larg., 16 cent.

BRUANDET

(LAZARE)

Paris 1755 † Paris 1803

520

Saucier

20 — *La Chasse au Cerf.*

Dans une forêt traversée par une route, des cavaliers courent le cerf poursuivi par les chiens. On remarque au premier plan, à gauche, un chasseur en veste rouge montant un cheval blanc ; une mare, à droite, baignant les pieds de grands hêtres ; plus loin, des bergers gardant un troupeau de bœufs.

Bois. Haut., 52 cent.; larg., 71 cent.

BRUANDET

(LAZARE)

320

Lefébure

21 — *Une Route à travers bois.*

Une large route, traversant une forêt, borde, à gauche, un étang. Une bergère conduisant une vache et une chèvre est arrêtée sur la route et cause avec un homme assis sur un talus.

Bois. Haut., 23 cent.; larg., 31 cent.

ÉCOLE FRANÇAISE

(XVIIIe siécle)

22 — *Le Marchand de plaisirs.*

Deux jolies acheteuses d'oublies se sont arrêtées
à l'entrée d'un parc, et l'une d'elles, devant le marchand agenouillé, fait tourner l'aiguille, au som-
met de la boîte posée sur le sol. A gauche, une
bergère retient un mouton à l'aide d'un ruban.
A droite, sous la porte d'une construction de
pierre, on aperçoit un homme coiffé d'un chapeau
de feutre. Dans le fond, une balustrade, ornée de
vases à jets d'eau, s'ouvre sur la perspective d'une
allée d'arbres.

Toile. Haut., 43 cent.; larg., 42 cent.

EISEN

(CHARLES-DOMINIQUE-JOSEPH)

Valenciennes 1720 † Bruxelles 1778

23 — *Les Arts rendant hommage à la Beauté.*

La scène est représentée par des enfants nus. A droite, une fillette blonde est étendue sur des draperies, sous une tente, au pied d'un arbre. Elle tient une couronne de roses. A gauche, d'autres enfants groupés devant une statue allégorique élevée sur un socle de pierre personnifient : la Peinture, la Sculpture, la Musique, l'Astronomie... Près d'elle, deux enfants figurent la Danse et la Poésie.

Un amour voltige dans le ciel tenant deux torches enflammées.

Toile. Haut., 38 cent.; larg., 45 cent.

GOYEN

(JAN VAN)

Leyde 1596 † La Haye 1656

24 — *La Ville au bord de l'eau.*

Les fortifications d'une ville baignent dans une rivière où naviguent des barques à voiles. Le donjon qui s'y reflète et les toits de tuiles des maisons sont entourés de verdure. A droite, deux villageois montés sur une embarcation accostent une poterne.

Bois. Haut., 45 cent.; larg., 60 cent.

Cadre en bois sculpté, époque Louis XVI, signé : *Cherin.*

HUET

(JEAN-BAPTISTE)

Paris 1745 † Paris 1811

25 — *Le Colombier.*

Une vieille tour couverte de tuiles s'élève sur un rocher, au-dessus d'un cours d'eau. Une cabane en planche apparaît à droite, et, au premier plan, trois personnages sont arrêtés sur une route : une femme en robe rose faisant un geste de la main droite ; un homme couché sur l'herbe ; un autre assis et tenant un bâton. Vers le fond, une vallée s'étend jusqu'à l'horizon.

Toile. Haut., 92 cent.; larg., 1 m. 24 cent.

LAJOUE
(JACQUES DE)
Paris 1687 † Paris 1761

1.800

Fournes

26 — *L'Escalier de pierre.*

Dans un parc, un escalier monumental aux larges degrés est orné d'une balustrade dont le départ présente une fontaine de forme rocaille ornée d'une statue de source. Un couple est assis sur les marches. Au premier plan, un bassin.

Signé à droite.

Toile. Haut., 66 cent.; larg., 74 cent.

LAJOUE
(Attribué à JACQUES DE)

350

Rousseau

27 — *La Jeune Musicienne.*

Dans un salon décoré de boiseries, une jeune femme en robe rose est assise, soutenant d'une main une contrebasse et tenant de l'autre un archet, qu'elle appuie sur une partition ouverte sur une console de bois doré. Dans le fond et au centre, un lit de repos, tendu de velours vert olive, est orné d'un dais à baldaquin. Un perroquet est posé sur un coussin. A droite, derrière un paravent de laque, un page nègre lutine une servante en robe rouge. Un lustre de cristal pend au centre de la pièce.

Toile. Haut., 31 cent.; larg., 39 cent.

On lit derrière le cadre : *Madame la Comtesse Du Barry,* par LAJOUE.

LALLEMAND

(JEAN-BAPTISTE)

Dijon 1710 † 1805

PENDANT DU SUIVANT

28 — *La Fontaine.*

Une fontaine monumentale flanquée de co-
lonnes, entre lesquelles s'érige la statue de Nep-
tune sur son char, jaillit dans un bassin. Une
jeune femme, au premier plan, est assise, tenant
ouverte sur ses genoux une partition. Un jeune
homme étendu près d'elle pince de la guitare,
tandis qu'une autre jeune femme cueille des roses
à un buisson. A droite, un couple se promène et
vers le fond, au delà d'une colonnade, on aperçoit
un jet d'eau qui s'échappe d'une coupe soutenue
par trois figures de bronze.

Signé à gauche : *Lallemand.*

Toile. Haut., 80 cent.; larg., 64 cent.

LALLEMAND
(JEAN-BAPTISTE)
PENDANT DU PRÉCÉDENT

29 — *Le Portique.*

Sous un ample portique à colonnade, s'érige la statue équestre d'un empereur romain. Le socle, orné d'un écusson, porte l'inscription : « *Marco Augusto...* » Plusieurs personnages sont arrêtés, au premier plan, parmi des ruines, où croissent des broussailles. Une vaste place, au fond, s'orne d'un obélisque et est bordée de monuments à niches cintrées garnies de statues.

Signé à gauche : *Lallemand pinxit.*

Toile. Haut., 80 cent.; larg., 64 cent.

LAMEN
(CHRISTOPHE-JEAN, OU JACQUES VAN DER)
Anvers 1570 † 1652

30 — *La Partie de dés.*

Dans un intérieur, où l'on remarque à gauche une haute cheminée, un officier et une dame jouent aux dés, sur une table recouverte d'un tapis vert. Une jeune femme assise pince du luth. Trois autres personnages regardent les joueurs, ou écoutent la musicienne. Dans le fond, on aperçoit un lit tendu d'étoffe jaune.

Signé : *Van der Lamen fecit 1637.*

Cuivre. Haut., 47 cent.; larg., 61 cent.

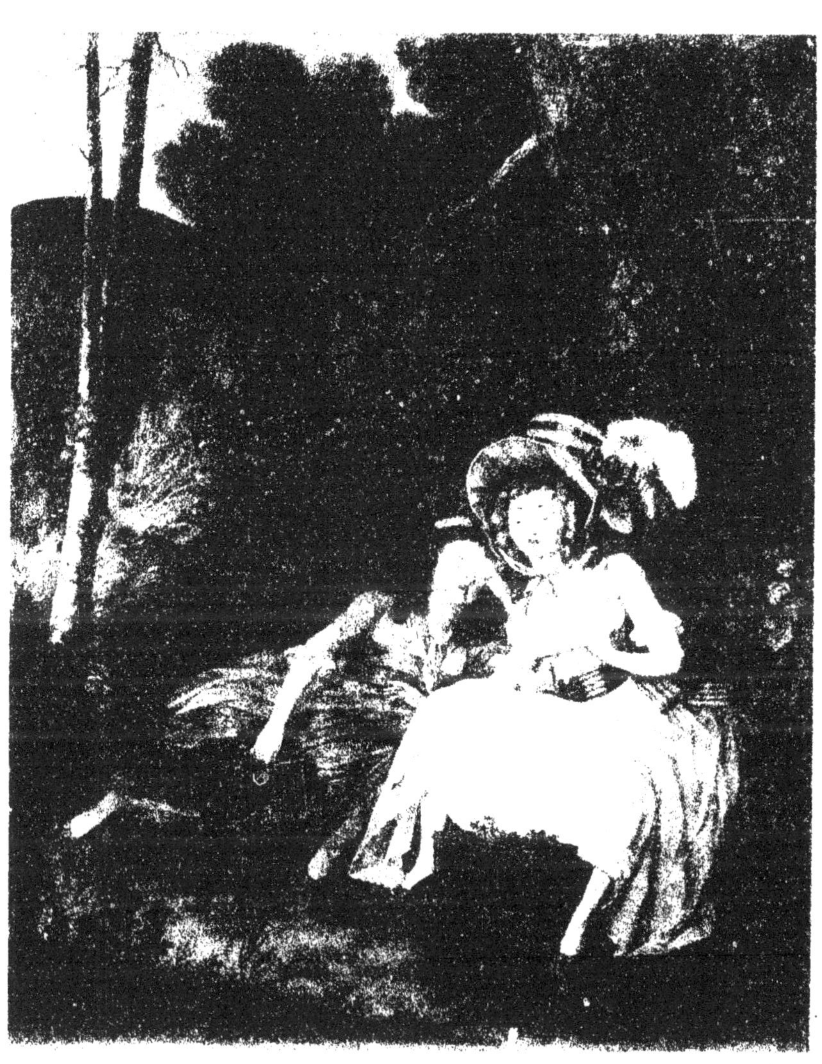

LALLEMAND
(JEAN BAPTISTE)
PENDANT DU PRÉCÉDENT

29 — *Le Portique.*

Sous un ample portique à colonnade, s'érige la statue équestre d'un empereur romain. Le socle, orné d'un écusson, porte l'inscription : « *Marco Aurelio* ». Plusieurs personnages sont arrêtés, au premier plan, parmi des ruines, où croissent des broussailles. Une vaste place, au fond, s'orne d'un obélisque et est bordée de monuments a niches surmontés garnies de statues.

Signé à gauche : *Lallemand pinxit.*

Toile. Haut. Soixante-dix-sept cent.

LAMEN
(PHILIPPE-JEAN OU JACQUES VAN DER)
Anvers — 1657

30 — *La Partie de dés.*

Dans un intérieur, où l'on remarque à gauche une haute cheminée, un officier et une dame jouent aux dés, sur une table recouverte d'un tapis vert. Une jeune femme assise pince du luth. Trois autres personnages regardent les joueurs, ou écoutent la musicienne. Dans le fond, on aperçoit un lit tendu d'étoffe jaune.

Signé : *Van der Lamen fecit 1637.*

Cuivre. Haut., quarante-huit et cent.

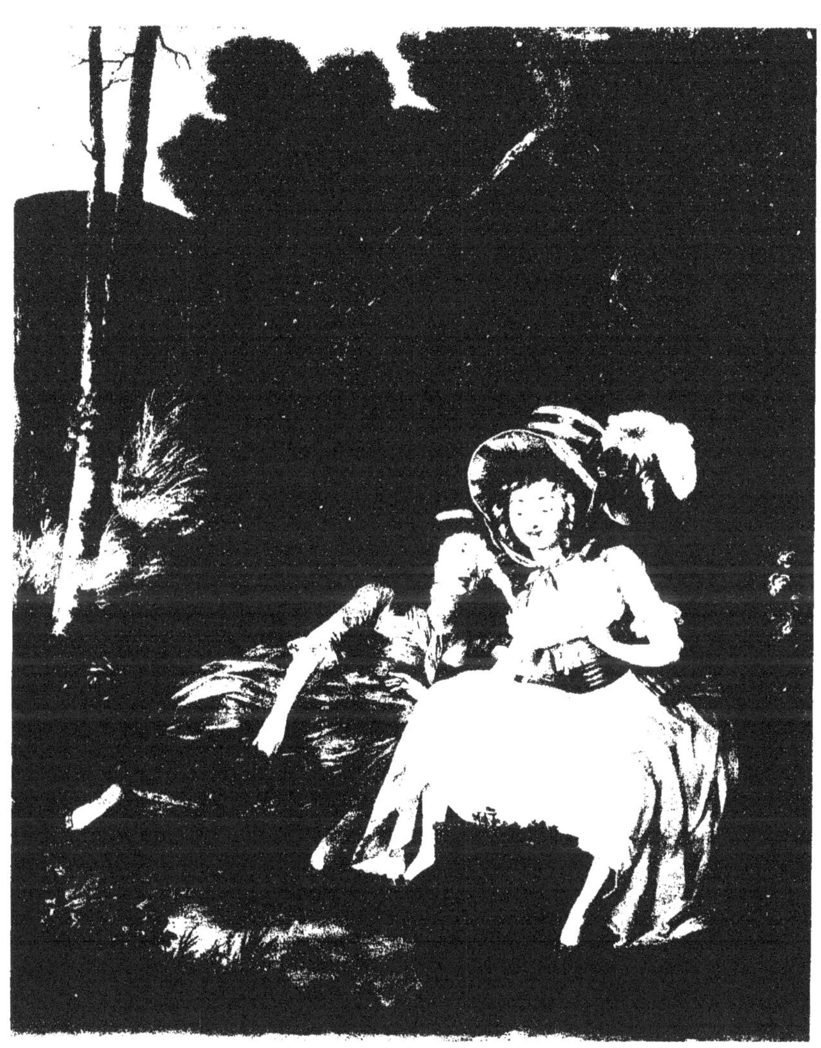

LAVREINCE

(Attribué à NICOLAS)

Stockholm 1737 † Stockholm 1807

3I — *Les Deux Cages, ou la plus heureuse.*

Deux jeunes filles sont assises sur un tertre. L'une d'elle est en robe de mousseline blanche décolletée qu'entoure une ceinture aux rayures chatoyantes. Ses cheveux blonds bouclés sont coiffés d'un large chapeau rose empanaché de plumes blanches et orné de rubans violets. Une cage, entre ses talons écartés, est ouverte, un oiseau y pénètre; le visage de la jeune fille reflète la joie qu'elle en éprouve et ses mains levées font un geste de ravissement. Sa compagne, accoudée près d'elle, s'afflige de voir sa propre cage vide. Elle est vêtue d'une robe de soie bleue couverte de mousseline blanche, un fichu de gaze, noué autour du cou, flotte sur sa poitrine; un ruban rose enserre sa chevelure.

A gauche, sur un socle, un vase dans un buisson de verdure; à droite, des roses trémières.

Bois. Haut., 48 cent.; larg., 40 cent.

Cette composition a été gravée en contre partie par Bréa. La gravure porte la mention : « *Peint à la gouache* » par N. LAVREINCE; cependant nous sommes sans doute en présence d'une des peintures à l'huile rares et mal connues de ce célèbre gouachiste.

LEBARBIER

(Attribué à JEAN-JACQUES-FRANÇOIS)

Rouen 1738 † Paris 1826

32 — *Un Sacrifice.*

Deux bacchantes, drapées à l'antique, offrent un sacrifice et des offrandes à un dieu sylvestre, dont la statue enguirlandée de feuillage se dresse à droite sous de grands arbres. La fumée qui s'élève de l'autel se répand sous bois.

Toile. Haut., 72 cent.; larg., 53 cent.

LE CLERC

(SÉBASTIEN)

Paris 1676 † Paris 1763

33 — *Le Déjeuner d'huîtres.*

Une jeune femme étendue sur le sable, au bord de la mer, dans un abri de roseau, accepte les huîtres qu'un jeune gentilhomme lui offre, debout près d'elle.

A gauche, un petit garçon ramasse celles que le flot découvre en se retirant ; une jeune fille les reçoit dans les plis de sa jupe relevée. Dans le fond, un homme apparaît derrière un arbre et regarde les jeunes amants.

Monogrammé : *L. C.*

On lit au-dessous du monogramme les trois dates : *1690*

1759-69.

Cuivre. Haut., 27 cent.; larg., 43 cent.

LOO

(CHARLES-ANDRÉ, DIT CARLE VAN)

Nice 1705 † Paris 1765

34 — *Le Départ pour la chasse au faucon.*

Des cavaliers en habits de soie se dirigent vers
la gauche au départ de la chasse. Un jeune
homme tenant un parasol a pris en croupe une
jeune femme, en corsage bleu, portant un faucon
sur le poing. Au premier plan, à droite, un page
nègre monte un cheval gris: à gauche, un fau-
connier à pied est accompagné de chiens.

Signé à droite : *Carle van Loo.*

Toile. Haut., 52 cent.; larg., 38 cent.

LOUTHERBOURG

(JACQUES-PHILIPPE)

Strasbourg 1740 † Londres 1813

35 — *L'Abreuvoir.*

Un berger pousse ses animaux dans une large
mare, dont un pêcheur occupe le bord, au premier plan. Sur une route, qui s'infléchit à gauche
dans la campagne vallonnée, une paysanne accompagnée d'un chien suit un âne chargé de son bât.
Un groupe d'arbres s'élève au centre sous un
ciel légèrement nuageux.

Bois. Haut., 27 cent.; larg., 35 cent.

NATOIRE

(CHARLES-JOSEPH)

Nimes 1700 † Castel-Gandolfo 1777

36 — *Apollon et les Muses sur le Parnasse.*

Au-dessus des vapeurs qui s'échappent d'une source sous la forme d'un nuage, Apollon est assis drapé d'un manteau rouge et tenant une lyre d'or. A ses pieds, une figure de la Justice. Les Muses sont réunies au premier plan. A droite, des nymphes dansent devant un temple à colonnade circulaire.

Du haut d'un mont verdoyant, Pégase s'envole vers le ciel.

Esquisse.

Toile. Haut., 5o cent.; larg., 55 cent.

Natoire a exposé au Salon de 1743 un tableau sous le titre ci-dessus.

NONNOTTE

(DONAT)

Besançon 1708 † Lyon 1785

37 — *Portrait de Femme.*

Vue à mi-corps, de trois quarts à droite, assise dans un fauteuil devant une table à écrire, elle cachète une lettre. Sa robe bleue est bordée de fourrure et garnie de dentelles sur le devant du corsage et aux manches; un bonnet de dentelles est posé sur ses cheveux poudrés.

On lit à droite : *Nonnotte, Pict. Reg. fecit 1752.*

Toile. Haut., 85 cent ; larg., 68 cent.

PILLEMENT

(JEAN)
Lyon 1727 † Lyon 1808

PENDANT DU SUIVANT

38 — *Le Colombier.*

Une tour, vestige d'anciennes fortifications, soutient un colombier, au bord d'une rivière, où plusieurs femmes sont occupées à laver du linge. Au premier plan, un pêcheur est assis sur son filet étendu sur la berge. Des canards s'ébattent dans l'eau devant une arche de pierre et, vers le fond, apparaît une campagne boisée.

Signé à droite et daté : *1772.*

Bois. Haut., **26** cent.; larg., **38** cent.

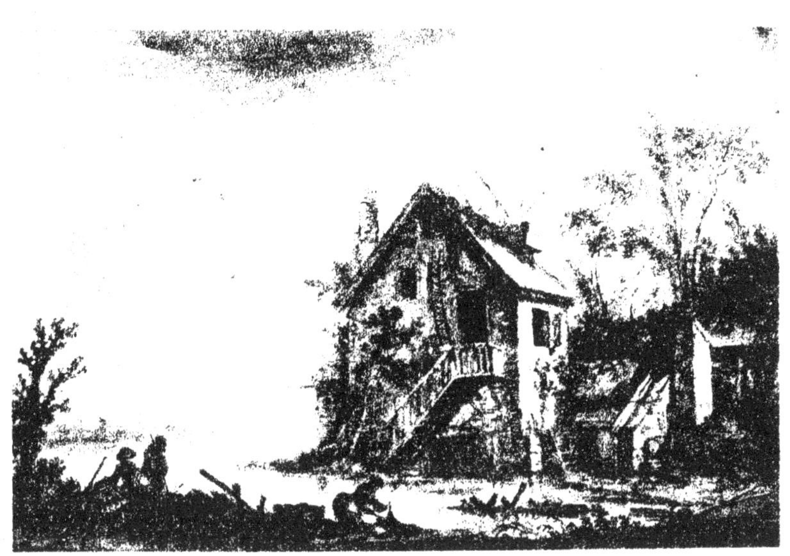

39

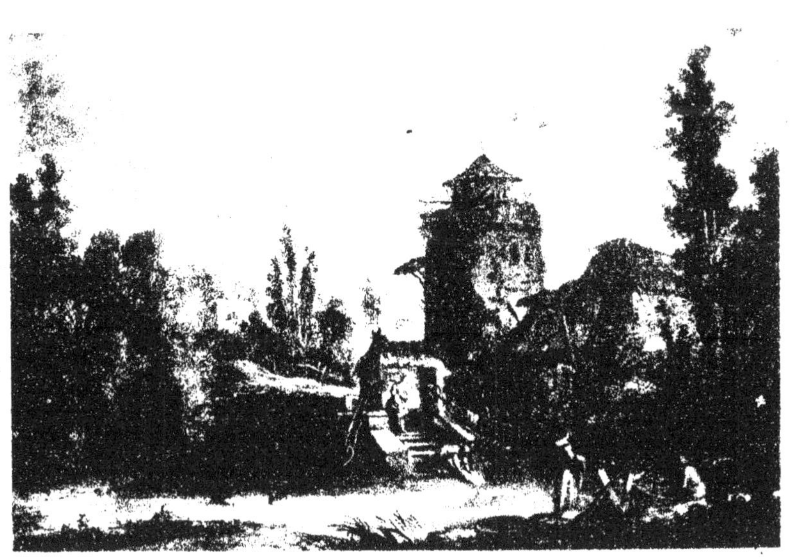

48

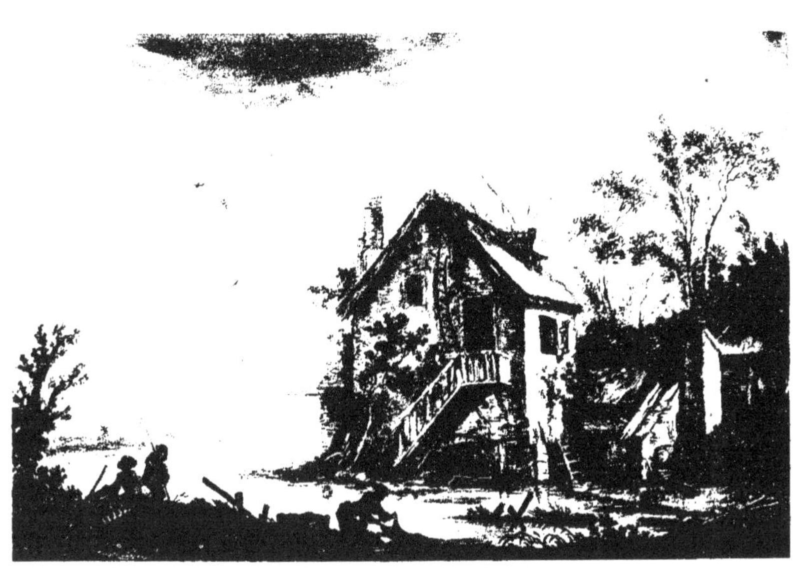

39

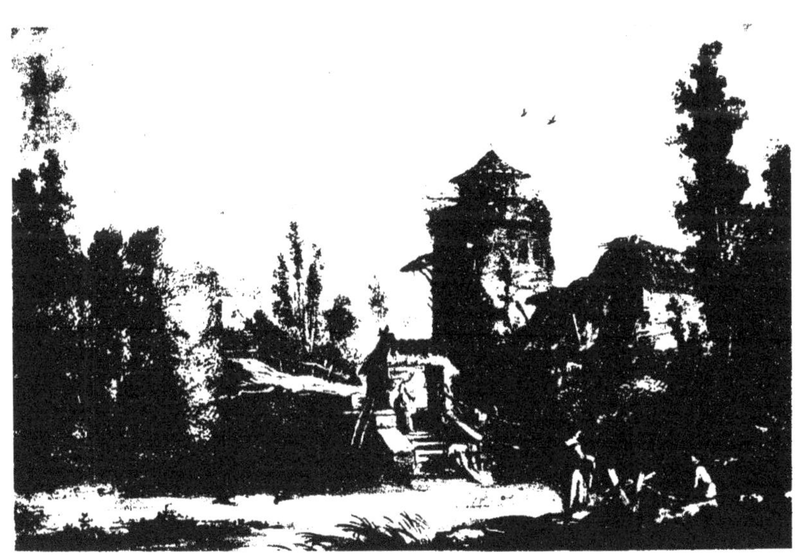

38

PILLEMENT
(JEAN)
PENDANT DU PRÉCÉDENT

39 — *Le Moulin*.

avec
38

En corsage rouge, une laveuse est agenouillée, au premier plan, sur la rive, près de deux pêcheurs. Une construction de pierre couverte de chaume abrite le moulin. A gauche, le cours d'eau s'étend dans une large vallée.

Signé et daté : *1772.*

Bois. Haut., 26 cent.; larg., 38 cent.

PILLEMENT
(JEAN)

40 — *Bergers et animaux dans un paysage accidenté*.

Un large cours d'eau coule entre des rochers; des pêcheurs se tiennent sur la rive. Leurs bateaux sont amarrés chargés de filets et de cordages. Au centre de la composition, une bergère, montée sur un âne, cause avec une jeune femme debout et appuyée sur un bâton. A droite, une route creusée dans l'escarpement des roches est suivie par des pâtres, conduisant leurs troupeaux.

Signé à gauche et daté : *1789.*

Toile. Haut., 60 cent.; larg., 98 cent.

THIÉNON

(ANNE-CLAUDE)

Ecole française 1772 ✝ 1846

41 — *La Promenade sur l'eau.*

La rivière traverse un parc boisé; dans une barque parée d'un dais de feuillage, une jeune femme est étendue. Un rameur, en veste bleue, conduit l'embarcation. Dans le fond, sur une éminence, on aperçoit un château du Moyen âge.

Signé à droite en bas.

Toile. Haut., 37 cent.; larg., 48 cent.

MME VALLAYER-COSTER

(ANNE)

Paris 1744 ✝ Paris 1818

42 — *Portrait de Jeune Fille.*

Vue à mi-corps, de trois quarts à gauche, le visage presque de face, elle tient de la main gauche un bouquet de roses. Sa robe grise décolletée est ornée de rubans bleus, et sur ses cheveux poudrés elle porte un chapeau de paille enrubanné. Un manteau de soie rouge est drapé sur son épaule droite.

Toile. Haut., 72 cent.; larg., 56 cent.

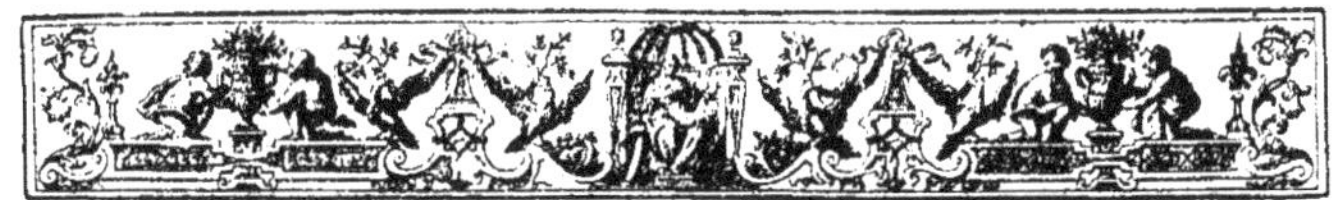

Faïences, Porcelaines

43 — Assiette en ancienne faïence de Rouen, décor en bleu et rouge; corbeille de fleurs avec lambrequins à quadrillés au marli.

44 — Assiette, décorée d'une réserve, d'un vase et de fleurs. Ancienne faïence de Rouen.

45 — Deux assiettes en ancienne faïence de Rouen, décorées chacune d'une corbeille de fleurs, avec quadrillages à réserves fleuries au marli.

46 — Assiette, décorée de volatiles et de branches fleuries. Ancienne faïence de Rouen.

47 — Assiette en ancienne faïence de Rouen, décorée en bleu, avec rehauts de rouge, d'une composition de style chinois à nombreux personnages.

48 — Plat en ancienne faïence de Rouen, décoré d'un dragon, d'une haie fleurie et d'oiseaux; fleurs au marli.

49 — Assiette en ancienne faïence de Rouen, décor à la pagode; marli bleu à fleurs et réserves fleuries.

5o — Assiette en ancienne faïence de Rouen, décor à cinq réserves contenant un oiseau et des branches fleuries, et se détachant sur un fond jaune carrelé.

160

51 — Bannette oblongue à pans coupés, décor bleu et rouge : corbeille de fleurs. Ancienne faïence de Rouen.

1400
Vandermeersch

52 — Assiette en ancienne faïence de Rouen, décor bleu et rouge ; fleurs au centre, lambrequins quadrillés au marli.

570
de Fevre

53 — Assiette en ancienne faïence de Rouen, décorée de trois personnages chinois, ainsi que de fleurs.

160
Goulara

54 — Deux bouteilles de pharmacie, ornées de serpents et aux armes de France. Ancienne faïence de Rouen.

710
Vandermeersch

55 — Cinq assiettes, décorées d'une haie fleurie, d'un dragon et d'oiseaux. Ancienne faïence de Rouen.

335
Wimbeg

56 — Assiette, décorée d'un médaillon contenant une figure de Junon. Au marli, des guirlandes en camaïeu orange. Ancienne faïence de Moustiers.

70

57 — Assiette en ancienne faïence de Moustiers, décorée d'un médaillon contenant une figure de Mars, avec guirlandes au marli.

180.

58 — Douze assiettes en ancienne faïence de Moustiers, décor vert à personnages grotesques et fleurs.

59 — Grand plat en ancienne faïence de Moustiers, à décor de personnages grotesques et animaux, d'après Callot, fleurs et branchages.

60 — Deux assiettes, décorées l'une de chasseurs, l'autre d'une chaise à porteurs. Au marli, des fleurs. Ancienne faïence de Marseille. Marque de la *Veuve Perrin*.

61 — Jardinière-applique, décorée de branches fleuries et de rocailles. Ancienne faïence de Marseille. Marque de *Robert*.

62 — Trois assiettes, décor au Chinois. Ancienne faïence de Marseille.

63 — Assiette en ancienne faïence de Marseille, décorée d'un petit paysage animé, avec branches fleuries sur le marli.

64 — Corbeille ovale à bord ajouré, décor de fleurs. Ancienne faïence de Marseille.

65 — Assiette, décorée de fleurs; marli à lambrequins. Ancienne faïence de Delft.

66 — Assiette, décorée de fleurs et rochers. Ancienne faïence de Delft.

67 — Assiette en ancienne faïence de Delft, décor bleu, présentant deux personnages dans un jardin. Marli à lambrequins.

68 — Deux plateaux, en forme de cœur, décorés de personnages en bleu. Ancienne faïence de Delft.

69 — Deux vaches couchées, décor de fleurs. Ancienne faïence de Delft.

70 — Deux cornets cylindriques en ancienne faïence de Sienne, à décor de rinceaux, entrelacs, mascarons, fleurs, etc.

71 — Deux cornets de pharmacie en ancienne faïence de Castel-Durante, présentant une figure d'Amphitrite et la date : *1580*.

72 — Petite fontaine, aux armes d'un prélat, en ancienne terre vernissée italienne, avec l'inscription : *Anno domini 1742. Monte Castelo.*

73 — Grande plaque en ancienne faïence italienne, présentant le Triomphe d'Amphitrite.

74 — Deux cornets de pharmacie sur piédouches en faïence du xvie siècle, ornés l'un de fleurs de lys, l'autre de l'initiale H timbrée de la couronne royale.

75 — Plat en ancienne faïence de Rhodes, décoré d'un cerf et de fleurs.

76 — Plat creux en ancienne faïence de Manissès à reflets métalliques, décoré d'un oiseau et de branches fleuries.

77 — Plat creux en ancienne faïence de Manissès à reflets métalliques, décoré de personnages, d'oiseaux et d'inscriptions.

78 — Jardinière-applique, décorée d'un oiseau et de fleurs. Ancienne faïence d'Alcora.

79 — Plat creux en ancienne faïence de Rhodes, décoré de tulipes et palmettes, avec marli vermiculé.

80 — Écritoire simulant un poêle avec sièges sur les côtés, à décor de motifs réguliers et moulures. Ancienne faïence allemande. Elle porte les initiales A. B. et est datée : *1638.*

81 — Statuette-applique en ancienne terre vernissée du Pré d'Auge, présentant une femme debout, amplement drapée.

82 — Deux chiens de Fô assis, la patte sur la boule. Base quadrilatérale. Ancien blanc de Chine.

83 — Chien de Fô assis, la patte sur la boule. Base quadrilatérale. Ancien blanc de Chine.

84 — Deux potiches avec couvercle, à décor de branches fleuries, ustensiles et lambrequins. Ancienne porcelaine de Chine, époque Kien-lung. Monture en bronze.

85 — Deux plats, décorés chacun d'un bouquet de fleurs. Saint-Pétersbourg.

86 — Pot de toilette avec couvercle, décor bleu. Ancienne porcelaine tendre de Saint-Cloud.

87 — Pot de toilette avec couvercle, décor bleu. Ancienne porcelaine tendre de Saint-Cloud.

Sculpture, Objets divers

88 — Petit groupe en terre cuite, représentant Vénus assise, presque nue, corrigeant l'Amour. A ses pieds, un chien couché. Par *Falconnet*. Signé et daté : *1787*.

Haut., 24 cent.

89 — Petit diptyque en ivoire sculpté à sujets saints. Travail français du xive siècle.

90 — Volet de diptyque en ivoire sculpté, présentant le Calvaire sous une triple arcature gothique. Travail français du xive siècle.

91 — Petite pendeloque-reliquaire, contenant un groupe en bois sculpté à sujets saints. xviie siècle.

92 — Écritoire, munie d'un briquet et d'un porte-lumière, en fer et cuivre. xviie siècle.

93 — Statuette en ancienne dinanderie de personnage debout, présumé être Calvin.

94 — Bout de table, à deux lumières, avec éteignoir, en argent. Commencement du xviiie siècle.

95-96 — Deux porte-enseignes en fer, à décor de volutes. xviie siècle.

97 — Deux flambeaux en étain, composés chacun d'une statuette de personnage debout, tenant la douille porte-lumière. XVIIe siècle.

98 — Vase de corporation en étain, présentant une inscription et surmonté d'un lion portant un cartouche. Pieds en forme de lions. Allemagne, 1708.

99 — Rouet en bois noir et ivoire.

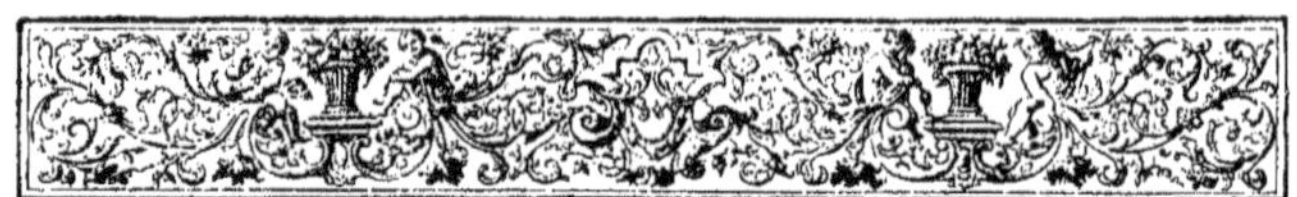

Pendules

100 — Horloge de table quadrilatérale en bronze gravé et doré, à décor d'arabesques; sur le cadran, les signes du Zodiaque. Elle est surmontée d'un timbre que frappent deux figurines de chevaliers. XVIᵉ siècle.

101 — Horloge de table rectangulaire, en forme de petit monument surmonté d'une coupole ajourée. Bronze gravé et doré. Décor de sujets bibliques avec armoiries. XVIᵉ siècle.

102 — Horloge de table quadrilatérale en bronze gravé et doré, à décor d'arabesques et figures allégoriques. XVIᵉ siècle.

103 — Horloge de table, de forme circulaire, en bronze doré, à décor de bustes, arabesques et armoiries, avec la date : *1552*. XVIᵉ siècle.

104 — Horloge de voyage, de forme carrée, en cuivre gravé à fleurs. Mouvement signé : *Marco Miroglio*. XVIIᵉ siècle.

105 — Petite horloge de voyage en bronze gravé et bois noir. Mouvement signé : *Lorentz, Prag*. Travail allemand, XVIIᵉ siècle.

106 — Horloge de table en bronze gravé et doré, à décor
de trophées, feuillage et dauphins. Cadran argenté,
présentant une figure du Temps. Elle est comprise
dans une monture revêtue de cuir. Commencement du
XVIIIe siècle.

107 — Horloge de table, sur quatre pieds articulés, en
bronze, à décor de rocailles avec fleurs de lys. XVIIIe
siècle.

108 — Pendule, sur socle-applique, en marqueterie de
cuivre sur écaille, à décor de rinceaux. Garniture de
bronzes dorés, tels que figure d'amour, rocailles,
bustes, etc. Époque Louis XV.

Haut., 1 m. 20 cent.

109 — Cartel-applique en bronze, composé de rocailles,
ainsi que de figures mythologiques. Cadran signé :
Charles Baltazard, à Paris. Époque Louis XV.

Haut., 64 cent.

Meubles

2500 110 — Écran en bois sculpté et partiellement doré; feuille
en tapisserie de Beauvais, du temps de la Régence,
présentant un perroquet sur une guirlande de fleurs,
le tout se détachant sur un fond damassé, encadré de
fleurs, rubans et quadrillages.

3200 111 — Lit à baldaquin, garni de broderies de soies de
couleurs, du xviie siècle, à fleurs et rubans, avec passe-
menteries, alternant avec des bandes de velours bleu.

Haut. totale, 2 m. 68 cent.; larg. totale, 1 m. 55 cent.

*420
vacvbeen* 112 — Cabinet en bois sculpté, à nombreux tiroirs, décoré,
sur la façade, de chimères et de bustes, et, sur la face
latérale, de deux bustes affrontés. Travail espagnol,
xvie siècle. Il est supporté par une table à tiroirs
revêtue de velours rouge.

*680
Subert* 113 — Deux chaises en bois tourné, couvertes en tapisserie au point du xviie siècle, à sujets mythologiques,
fleurs et animaux.

300 114 — Petit paravent, à trois feuilles, dont une en ancienne tapisserie au point, à sujet mythologique, du
xviie siècle.

130. 115 — Glace, dans un cadre en bois noir, avec applications de cuivre doré à fleurs. Époque Louis XIII.

Etoffes

116 — Bandeau, formé de quatre carrés de velours violet avec applications et broderies, à décor de cartouches contenant les figures des évangélistes. En bas, le monogramme du Christ. Travail italien du xvie siècle.

Haut. d'un carré, 60 cent.
Larg. d'un carré, 50 cent.

117 — Trois panneaux en broderie de soie et de métal sur satin blanc. xvie siècle.

118 — Six petits panneaux en broderie de soie italienne du xvie siècle, montés sur deux bandeaux.

119 — Quatre dessus de portes en ancienne broderie.

120 — Panneau, montant et bandeau en applications sur fond de velours rouge, à dessin de fleurons, volutes et rinceaux. Époque Louis XIII.

Haut., 3 m. 50 cent.; larg., 1 m. 45 cent.

121 — Dessus de lit en velours rouge avec applications de broderie du xviie siècle, à fleurs et oiseaux avec couronne.

122 — Deux petits dessus de coussins en tapisserie au point de la fin du xvie siècle, à sujet de personnages.

620   123 — Coussin en tapisserie du xviie siècle, à composition
de style chinois.

124 — Long bandeau, composé de divers fragments de
tapisserie au point du xviie siècle, à sujets saints et
fleurs.

Long.., 5 m. 40 cent.

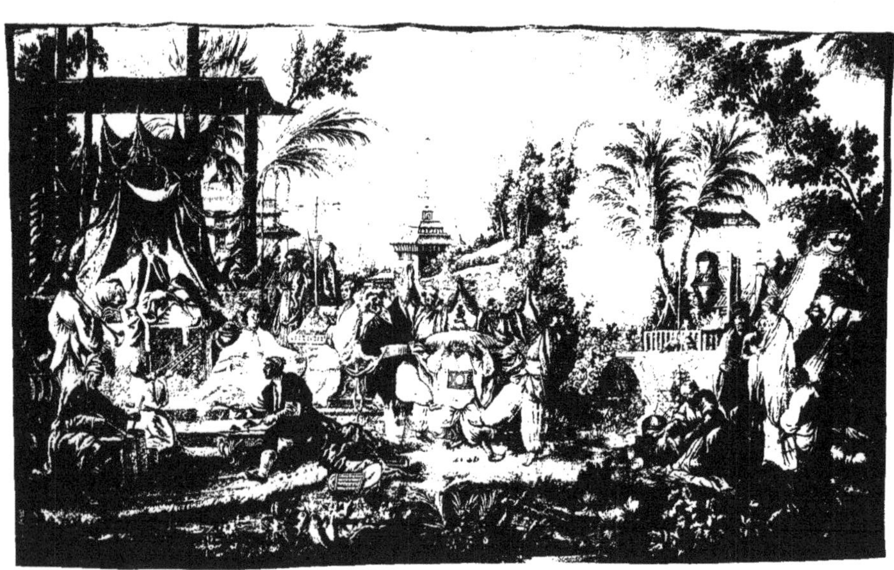

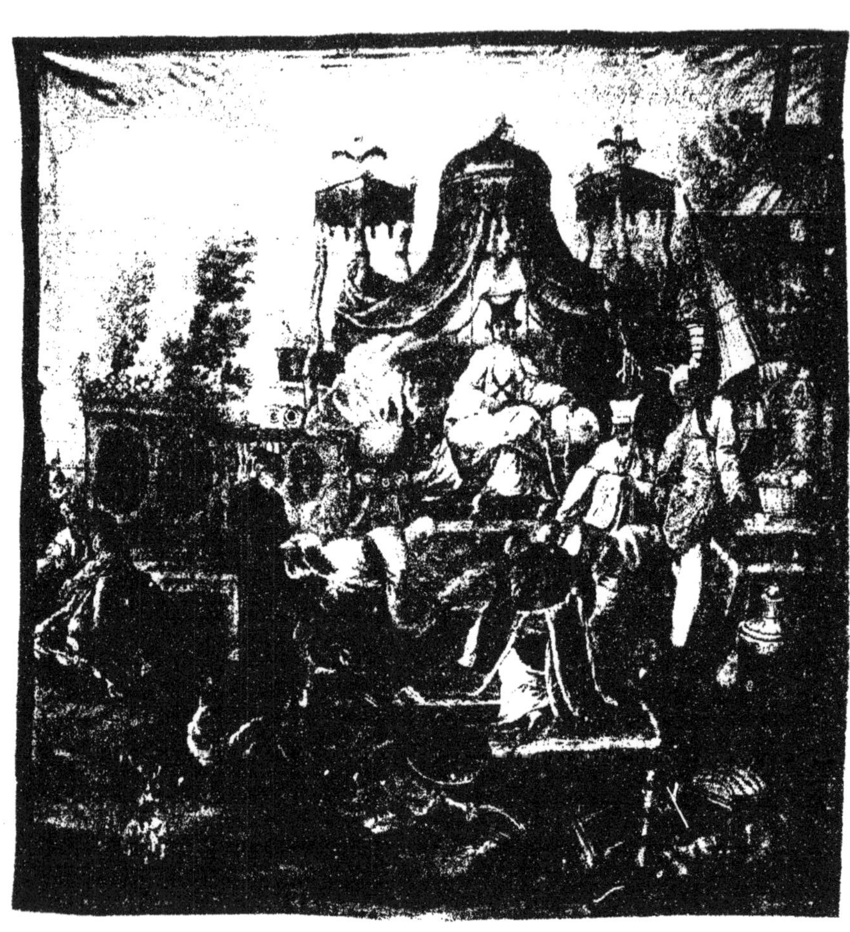

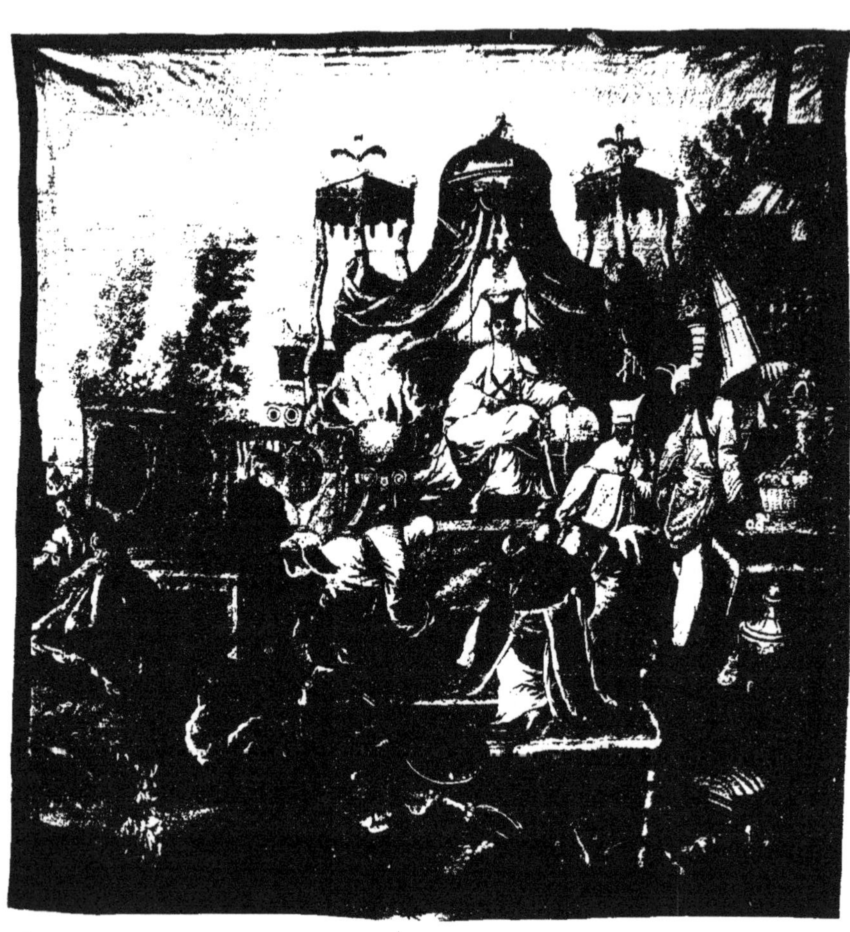

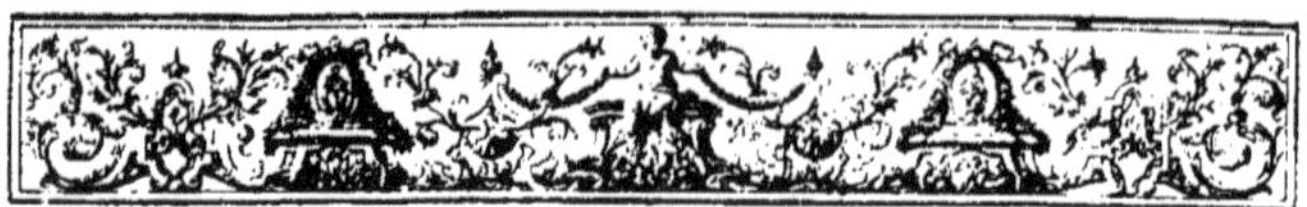

Tapisseries

Tapis

125 — Grande tapisserie rectangulaire de la Manufacture
royale d'Aubusson, du temps de Louis XV, d'après
Boucher : la Danse chinoise. Un mandarin, assis sous
une draperie, dans la campagne, regarde des danseurs
sautant en rond aux sons d'instruments variés joués
par divers personnages. A droite, des oiseleurs groupés
à l'entrée d'une tente ; au second plan, une pagode.

Haut., 2 m. 95 cent.; larg., 5 m. 20 cent.

126 — Tapisserie rectangulaire de la Manufacture royale
d'Aubusson, du temps de Louis XV, d'après Boucher :
l'Audience impériale : un souverain, assis sous un dais,
donne audience à divers personnages dont trois sont
prosternés à ses pieds. Auprès de lui, un brûle-parfums.
Au second plan, des arbustes, des vases de fleurs et des
habitations.

Haut., 2 m. 95 cent ; larg., 2 m. 85 cent.

127 — Tapisserie d'Aubusson, du temps de Louis XV, présentant un paysage avec château au fond, ruines
sur le côté et chiens poursuivant un lièvre au premier
plan. Bordure simulant un cadre.

Haut., 2 m. 50 cent.; larg., 4 m. 75 cent.

128 — Tapisserie-verdure flamande du xviiie siècle, avec chien sur la gauche ; bordure de fleurs.

Haut., 2 m. 75 cent.; larg., 1 m. 75 cent.

129 — Tapisserie-verdure flamande du xviiie siècle, avec un oiseau au premier plan et habitations au fond.

Haut., 2 mètres; larg., 1 m. 60 cent.

130 — Tapisserie-verdure flamande du xviiie siècle, avec petit pont et habitations au fond ; bordure bleue à fleurs.

Haut., 2 m. 75 cent.; larg., 1 m. 80 cent.

131 — Tapisserie-verdure, avec habitations ; au premier plan, des branches fleuries. Flandres, xviiie siècle.

Haut., 3 m. 10 cent.; larg., 1 m. 60 cent.

132 — Tapisserie flamande du xvie siècle : au centre, la Fortune ; alentour, des figures allégoriques, des oiseaux et des feuilles ; bordure verte à trophées.

Haut., 2 m. 30 cent.; larg., 1 m. 65 cent.

133 — Fragments de tapisserie-verdure, avec cygnes; bordure de fleurs. xviiie siècle.

Haut., 1 m. 50 cent.; larg., 2 m. 70 cent.

134 — Deux bordures d'ancienne tapisserie à feuillages, montées sur peluche verte.

135 — Deux bandeaux et quatre montants provenant de bordures de tapisseries flamandes du xvie siècle, à figures allégoriques, légendes, fruits et fleurs, sur fond blanc.

Haut. des montants : 3 m. 45 cent.; larg., 45 cent.

Haut. des bandeaux : 50 cent.; larg., 2 m. 15 cent. et 1 m. 78 cent.

136 — Trois parties de bordures d'ancienne tapisserie, à fleurs, fleurs de lis et fruits, l'une montée sur peluche.

Long totale : 9 m. 40 cent.

137 — Sous ce numéro, plusieurs fragments d'ancienne tapisserie.

138 — Coussin en ancienne tapisserie, à fleurs et feuilles.

139 — Grand tapis d'Orient velouté à fond rouge, décor de motifs géométriques.

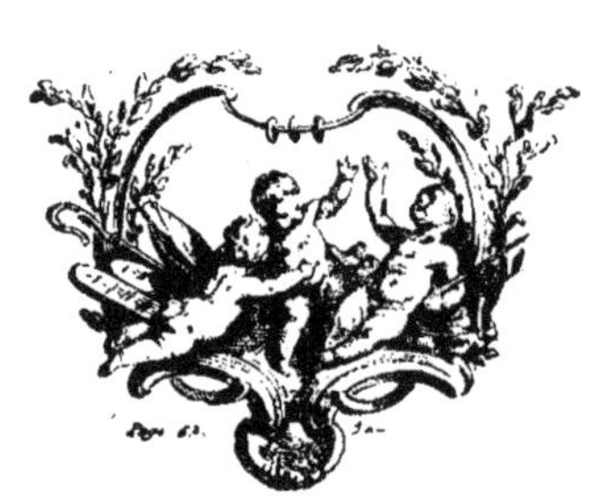

www.ingramcontent.com/pod-product-compliance
Ingram Content Group UK Ltd.
Pitfield, Milton Keynes, MK11 3LW, UK
UKHW031806170726
13836UKWH00003B/1221